퀴즈, 분리배출!

망태 할아버지가 묻고 어린이가 답한다

퀴즈, 분리배출!

글 임정은 | 그림 서지현 | 감수 홍수열

초록개구리

차례

Q1. 콜라를 마시고 남은 병은 쓰레기일까? 9

Q2. 쓰레기 중 가장 큰 골칫거리는? 13

Q3. 쓰레기를 처리하는 방식이 아닌 것은? 17

Q4. 쓰레기를 종류별로 나누어 버리는 것은? 21

Q5. 일반 쓰레기를 담는 봉투 이름은? 25

Q6. '플라스틱'으로 분리배출해도 되는 것은? 29

Q7. 돈으로 돌려받을 수 있는 쓰레기는? 33

Q8. 우유 팩은 분리배출할 때 어디에 넣을까? 37

Q9. 플라스틱 컵은 썩는 데 몇 년 걸릴까? 41

Q10. 의류 수거함에 배출하면 안 되는 옷은? 45

Q11. '음식물 쓰레기'로 버려도 되는 것은? 49

Q12. 일회용품을 안 쓰기 위해 노력한 사람은? 53

Q13. 우리나라는 쓰레기 재활용 몇 등일까? 57

Q14. 조깅하면서 쓰레기 줍는 활동의 이름은? 61

Q15. 쓰레기 문제는 누가 해결해야 하나? 65

1 콜라를 마시고 남은 병은 쓰레기일까?

음료수를 다 마시고 남은 유리병, 물을 다 마시고 남은 플라스틱병 같은 빈 병을 생각해 봐.

❶ 쓰레기이다.

❷ 쓰레기가 아니다.

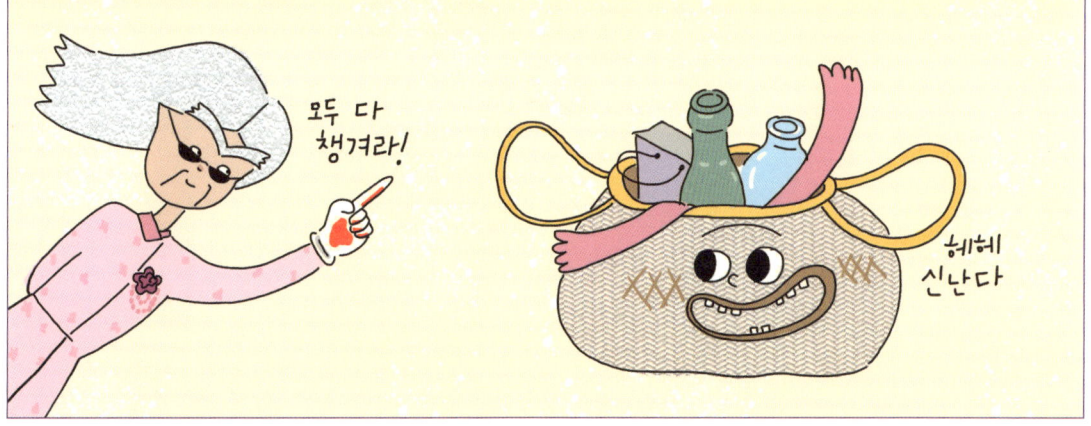

정답은 1) 쓰레기이다.
2) 쓰레기가 아니다.

빈 콜라병이 쓰레기이기도 하고, 쓰레기가 아니기도 하다니?
'쓰레기'는 못 쓰게 된 물건, 쓸모없어서 내다 버린 것을 일컬어.
빈 콜라병을 쓰레기통에 버리면 쓰레기가 맞아. 그런데 빈 병을 잘 씻어서
꽃병으로 쓰거나 음료를 담는 병으로 쓰면 쓰레기가 아니지.
우리가 쓰는 모든 물건은 쓸모가 없다고 생각해서 버리는 순간 쓰레기가 돼.
잘 활용해서 다시 쓰면 쓰레기가 되지 않는 거지.
하지만 모든 것을 재활용하기는 어려워. 필요한 것을 직접 만들거나 마련하지
않는 한, 우리는 누군가 만들어 놓은 것을 살 수밖에 없어. 그런데 그것들이
포장지에 싸여 있거나 용기에 담겨 있단 말이야. 포장지와 용기를 버리지 않고
집에서 모두 재활용한다면, 집은 발 디딜 틈이 없어질 거야.
필요해서 산 물건은 물론, 그것을 보관하는 데 쓴 포장지나 용기도 대부분
자연에서 저절로 썩는 데 수십 년에서 수백 년씩 걸리는 재료로 만들어져 있어.
매일 수없이 많은 물건이 만들어지는데, 물건과 포장지나 용기가
잘 썩지 않는다면 지구는 어떻게 될까?

쓰레기 공부
이젠 우주에도 쓰레기가?

쓰레기는 지구에만 있는 게 아니야. 우주에도 쓰레기가 있어.
우주 개발에 관심이 높아지면서 사람들은 수십 년 동안 과학·기상·군사·통신 등의
목적을 이루기 위해 로켓을 이용하여 우주로 인공위성을 쏘아 올렸어.
그런데 인공위성을 발사할 때 떨어져 나온 로켓의 작은 조각들과
수명을 다한 인공위성이 쓰레기가 되어 우주를 떠돌고 있어.
우주에는 공기가 없어서 쓰레기가 썩지도 사라지지도 않아.
우주 쓰레기는 꽤 많은 데다 빠른 속도로 지구 궤도를 돌고 있어서,
그대로 두었다가는 인공위성이나 우주 정거장을 망가뜨릴 수도 있어.
우주 비행사가 일을 하다가 다칠 수도 있고.
그래서 미국은 10cm 넘는 우주 쓰레기는 어디에 있는지
샅샅이 찾아낸 다음 사고를 일으키지 않도록 지켜보고 있어.
우리나라도 '우주위험감시센터'를 운영하여
인공위성 궤도를 지켜보고 위험 요소가 있는지 살피지.
다른 나라들도 우주 쓰레기를 어떻게 없앨지 연구하고 있어.
지구 쓰레기든 우주 쓰레기든 쓰레기는 만드는 건
쉬워도 없애는 건 정말 어려워.

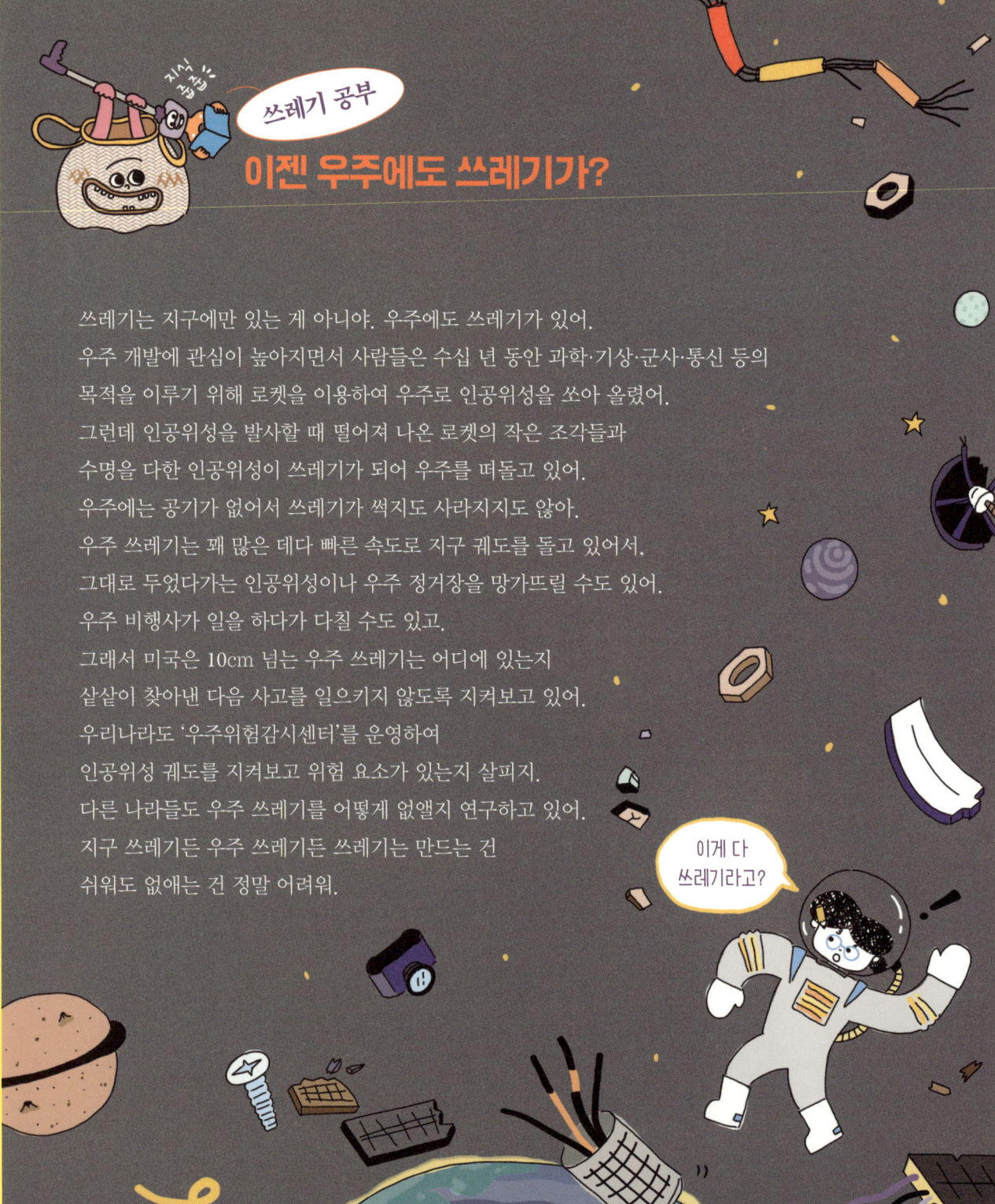

2 쓰레기 중 가장 큰 골칫거리는?

하루하루 버리는 쓰레기가 어마어마하게 많아.
그중에서 가장 처리하기 곤란한 쓰레기는 뭘까?

❶ 플라스틱 칫솔

❷ 통조림 캔

❸ 신문지

❹ 닭 뼈

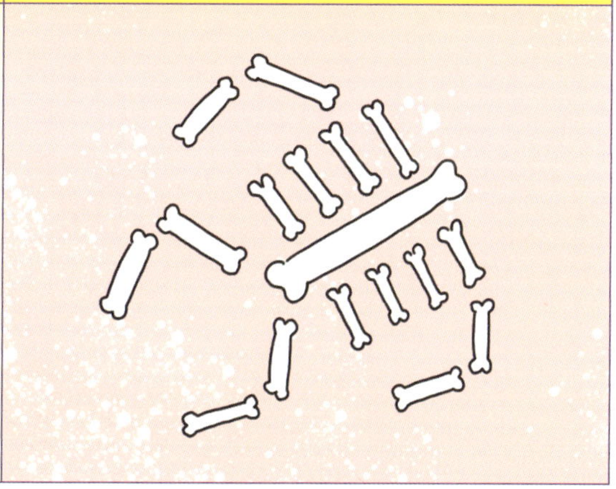

정답은 1) 플라스틱 칫솔

쓰레기는 다 똑같은 쓰레기지, 왜 플라스틱 칫솔이 가장 골치가 아플까? 통조림 캔이나 신문지는 재활용을 할 수 있고, 닭 뼈는 시간이 지나면 썩어서 흙이 돼. 사람들이 먹고, 자고, 입는 일상생활을 하면서 쓰레기를 전혀 만들지 않을 수는 없어. 하지만 지금처럼 쓰레기가 어마어마하게 늘어난 데는 1869년에 미국에서 처음 상품으로 개발된 플라스틱의 영향이 커. 플라스틱은 자연에서 썩는 데 500년도 넘게 걸리는 데다가, 재활용하려고 불에 태우면 유해 물질이 나와서 환경을 오염시켜.

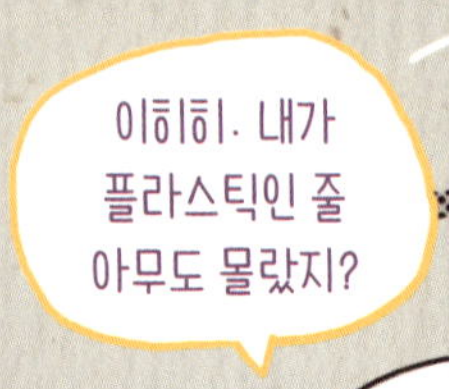

이히히. 내가 플라스틱인 줄 아무도 몰랐지?

하지만 플라스틱은 원하는 모양으로 만들기 쉽고, 단단하고
질긴 데다 가볍고 값이 싸서 사람들에게 큰 인기를 끌었지.
우리가 즐겨 쓰는 비닐봉지나 페트병도 플라스틱으로 만든 거야.
플라스틱이 발명되고 나서 일회용품이 엄청 빠르게 늘었어.
하지만 이제 플라스틱은 환경을 해치는 물질로 여겨지고 있어.
과학자들이 지구에 해로운 대표적인 물질 세 가지 중 하나로 꼽을 정도야.

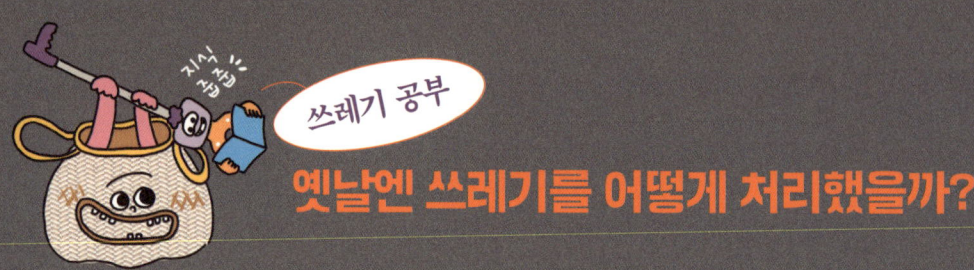

쓰레기 공부

옛날엔 쓰레기를 어떻게 처리했을까?

'패총'이라고 불리는 조개껍데기 더미에 대해 들어 봤어? 패총은 선사 시대 인류가 먹고 버린 조개껍데기가 쌓인 거야. 이곳에서는 조개껍데기뿐 아니라 네발 동물이나 새의 뼈 흔적이 발견돼. 먹고 남은 쓰레기를 버린 건데, 선사 시대 인류가 쓰레기를 한곳에 모았다는 점을 알 수 있어.
그 뒤 고대 도시에서는 구덩이를 파서 쓰레기를 넣고 흙으로 덮었어. 쓰레기는 냄새도 나고 쥐나 해충이 꼬여 전염병이 생길 수 있어서, 사람들은 되도록 사는 곳에서 멀리 떨어진 곳에 쓰레기를 버렸지.
지금으로부터 600~700년 전까지만 해도 영국 런던이나 프랑스 파리 등 유럽 대도시에서는 사람들이 길거리에 똥오줌을 버렸어. 창문 밖으로 요강을 비우는 일도 자주 있었대. 우웩!
물자가 귀했던 시절에는 쓰레기 더미에서 쓸 만한 것을 줍는 넝마주이들이 많았어. 제2차 세계대전 당시 영국의 포스터를 보면 폐지, 낡은 옷, 동물 뼈를 모아서 전쟁 물자로 기부해 달라는 내용도 있다고.

3. 쓰레기를 처리하는 방식이 아닌 것은?

집집마다 내다 버린 쓰레기를 계속 쌓아 둘 수는 없어.
쓰레기는 여러 가지 방식으로 처리할 수 있어.

❶ 우주에서 폭발시킨다.

❷ 땅에 묻는다.

❸ 불에 태운다.

❹ 재활용한다.

정답은 1) 우주에서 폭발시킨다.

우리가 쓰레기를 버리는 순간부터 쓰레기의 여행이 시작돼.
쓰레기는 크게 네 가지 방식으로 처리해.
첫 번째는 쓰레기를 땅에 묻는 거야. 이걸 '매립'이라고 해. 그런데 쓰레기가 썩으면서 여러 오염 물질이 흘러나와 땅과 지하수를 오염시키는 데다, 해로운 가스를 발생시켜 고약한 냄새를 풍기고 유해 물질을 퍼뜨려.
두 번째는 불에 태우는 거야. '소각'이라고 해. 쓰레기가 불에 타면 사람 몸에 해로운 독성 물질이 나와. 이런 나쁜 물질을 걸러 내는 기술을 더해 쓰레기 소각장을 지으려면 비용이 많이 들지. 게다가 태우고 남은 재는 다시 땅에 묻어야 해.
세 번째는 재사용이야. 세척·소독·수리 과정을 거쳐서 그대로 다시 쓰는 거지. 가장 바람직한 방법이지만 새로 사는 게 더 싸고 쉽다는 게 문제야.

여행을 마치면 나는 어떻게 바뀌어 있을까?

네 번째는 재활용이야. 플라스틱이나 캔은 화학 처리 과정을 거치면
원재료 형태로 돌려놓을 수 있고, 다시 가공하면 새 제품을 만들 수 있어.
재사용과 재활용을 많이 해야 쓰레기를 줄일 수 있어.
그러기 위해서는 우리가 쓰레기를 제대로 '분리해서' 버려야 해.

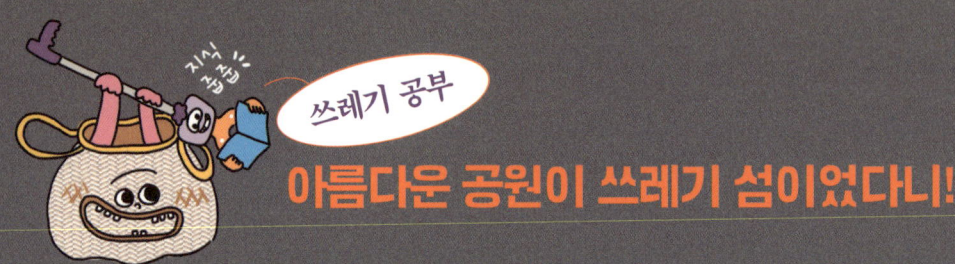

쓰레기 공부

아름다운 공원이 쓰레기 섬이었다니!

난지도는 예로부터 꽃이 많은 아름다운 섬이었어. 그런데 서울에 있지만 사람들이 별로 살지 않는 외딴곳이어서 1978년에 쓰레기장으로 지정되었어. 당시에는 쓰레기 처리 방법이 개발되지 않아서 대부분의 쓰레기를 외진 곳에 버리거나 땅에 묻었거든.
그때부터 난지도엔 서울에 사는 사람들이 버리는 쓰레기가 모여들었어. 하루 약 3천 대의 트럭이 이곳에 와서 쓰레기를 버렸대. 15년쯤 지나자 약 100미터 높이의 쓰레기 산 2개가 생겼어. 더 이상 쓰레기를 버릴 수 없을 정도가 됐지. 쓰레기 더미에서는 악취가 풍기고 쥐뿐 아니라 온갖 벌레가 들끓었어.
결국 쓰레기 버리기를 멈췄지. 그리고 1996년 쓰레기 위에 흙을 덮고 공원을 만들기 시작했어. 쓰레기 산 2개는 '노을 공원'과 '하늘 공원'이 됐어.
이제 난지도는 더 이상 쓰레기 섬이 아니야. 사람들이 찾아와 쉬고, 새들이 날아와 알을 낳는 곳이지. 땅속 쓰레기 더미에서 나오는 메탄가스로 열에너지를 만들어서 주변에 있는 월드컵 경기장과 아파트 단지의 보일러 연료로 보내니 이제 난지도는 재생 에너지 생산지이기도 해.

4 쓰레기를 종류별로 나누어 버리는 것은?

우리나라에서는 쓰레기를 재질에 따라 플라스틱, 비닐, 유리, 종이 등으로 분리해서 버리고 있어. 이것을 무엇이라고 할까?

❶ 쓰레기 나눔

❷ 분리수거

❸ 분리배출

❹ 나눔 배출

재활용 쓰레기를 버리러 가 본 적 있는 친구들은 알 거야.
플라스틱, 비닐, 종이 등으로 구분해서 버리게 되어 있다는 것을.
쓰레기를 종류별로 '분리'하여 '배출'한다고 해서 '분리배출'이라고 해.
'분리수거'는 '분리'된 쓰레기를 '수거', 즉 거두어 간다는 뜻이고. 그러니까
우리는 쓰레기를 '분리배출'하고, 지방 자치 단체에서는 '분리수거'를 하는 거지.
쓰레기를 줄이고 다시 쓸 수 있는 자원을 재활용·재사용하려면
쓰레기를 나누어서 버려야 해. 잘 분리해서 버린다는 것은 쓰레기를
다시 활용하겠다는 확실한 의지야.

분리배출할 때 알아 두자!

플라스틱

- 쓰레기 중 가장 많은 비중을 차지
- 투명 페트병과 나눠서 배출

투명 페트병 (무색)

- 주로 음료병, 생수병으로 쓰임
- 플라스틱의 일종이지만 색 첨가제가 들어 있지 않아서 재활용하기 좋음

비닐봉지

- 영어로 '플라스틱 백'이니 재료는 플라스틱!
- 오염된 비닐은 일반 쓰레기로!

종이

- 택배 상자, 포장 상자, 신문지 등
- 오염된 종이는 일반 쓰레기로!

스티로폼

- 흰색 스티로폼만 재활용 가능
- 무늬, 색깔 있는 것은 일반 쓰레기로!

캔

- 음료수 캔, 통조림 캔 등

유리

- 맥주병·소주병은 따로 배출
- 그 외의 유리로 된 병은 '잡병'에 배출

옷과 신발

- 입을 수 있는 옷과 신발만 의류 수거함으로 배출

음식물 쓰레기

- 먹다 남은 밥, 반찬, 과일 및 채소 껍질 등
- 물기를 빼고 버려야 함

> 포장지에 있는 분리배출 마크 참고!

> 쓰레기 재질에 따라 구분!

쓰레기 공부
분리배출 4대 원칙은?

쓰레기를 일반 쓰레기로 버리지 않고 분리배출하는 것은 재활용하고
재사용하기 위해서라고 말했지? 하지만 분리배출을 제대로 하지 않으면
아무 소용이 없어. 분리배출을 하기 전에는 아래 네 가지를 꼭 지키자.
그러면 더 많은 쓰레기가 다시 활용될 수 있어.
첫째, 비운다. 플라스틱병이나 유리병 같은 용기는 안에 남은 내용물을 다 비워야 해.
둘째, 헹군다. 용기는 내용물이 안에 남아 있지 않게 깨끗하게 헹궈.
셋째, 분리한다. 재질이 다른 것은 분리해. 예를 들어, 택배 상자는
스카치테이프를 떼어내 일반 쓰레기로 버리고, 상자만 종이로 분리배출해.
넷째, 섞지 않는다. 배출할 때 재질별로 분류해서 버려야 해.

5 일반 쓰레기를 담는 봉투 이름은?

일반 쓰레기는 아무 비닐봉지가 아닌 '이 봉투'에 담아서 버려야 해.
용량이 클수록 비싸지는 이 봉투의 이름은 뭘까?

❶ 공짜로 봉투

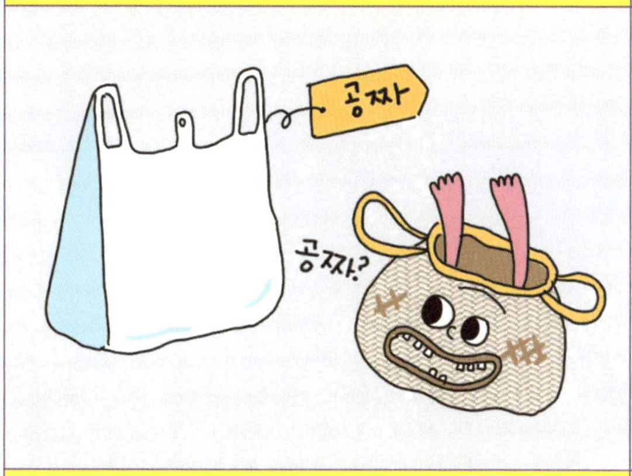

❷ 종아리 봉투

❸ 종량제 봉투

❹ 바가지 봉투

'종량제'는 물품의 무게나 길이, 용량에 따라 이용 요금을 매기는 제도를 뜻해. 그래서 '종량제 봉투'는 쓰레기양에 따라 봉툿값이 달라져.
왜 쓰레기를 버리는 데 돈을 내느냐고? 쓰레기 처리하는 데 비용이 드니 쓰레기를 버리는 사람이 내게 한 거지. 쓰레기를 많이 버릴수록 부담이 커지니 쓰레기를 줄이는 효과도 기대할 수 있고. 봉툿값은 지방 자치 단체에서 쓰레기를 처리하는 비용으로 쓰여.
종량제 봉투는 일반 쓰레기 전용 봉투와 음식물 쓰레기 전용 봉투가 있어.
일반 쓰레기 봉투에는 재활용할 수 없는 쓰레기를 넣어. 재활용할 수 있는 쓰레기라도 오염되었거나 너무 작으면 일반 쓰레기 봉투에 넣어야 해.
음식물 쓰레기 전용 봉투에는 반드시 음식물 쓰레기만 버려야 하고.

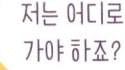

분리배출하는 게 귀찮다고 모든 쓰레기를 일반 쓰레기로 버리면 안 돼. 일반 쓰레기 종량제 봉투에 담긴 쓰레기는 매립되거나 소각돼. 이제는 쓰레기를 묻을 땅도 부족하고, 땅에 묻으면 쓰레기가 썩으면서 가스가 나오고 썩은 물이 흘러나와 가까이 사는 주민들이 피해를 입어. 쓰레기를 불에 태우면 유해 물질이 뿜어져 나오니 공기를 깨끗이 하는 데도 많은 에너지가 들고. 그래서 재활용이 되는 쓰레기는 분리배출을 해야 해. 무엇보다 쓰레기 자체를 줄이는 것이 가장 중요해.

쓰레기 공부
애매한 쓰레기들 모여라!

일상에서 나오는 쓰레기는 양도 어마어마하지만, 종류도 엄청 다양해.
어디에 버려야 할지 헷갈리는 쓰레기들이 한둘이 아니지.
이런 것들은 어떻게 분리배출해야 할지 알아보자.

일반 건전지, 휴대 전화 보조 배터리는 '폐건전지 전용 수거함'에 버리기

깨지지 않은 상태라면 '형광등 전용 수거함'에 버리기
깨진 상태라면 두꺼운 종이와 테이프로 잘 감싸서 일반 쓰레기로 버리기
(※몸에 해로운 수은이 빠져나올 수 있음! 유리 조각에 베일 수 있으니 주의!)

두꺼운 종이로 잘 감싸서 일반 쓰레기로 버리기
(※유리 조각에 베일 수 있으니 주의!)

말랑말랑한 충전재가 들어 있는 아이스 팩은 일반 쓰레기로 버리기
물이 들어 있는 아이스 팩은 잘라서 물은 버리고 비닐은 '비닐'로 버리기

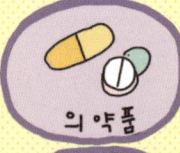
쓰고 남은 의약품은 약국에 전달하거나, 보건소의 '폐의약품 수거함'에 버리기
(※일반 쓰레기로 버리면 의약품이 녹아서 강이나 바다, 흙으로 스며들 수 있음)

음식이 묻은 스티로폼 용기는 일반 쓰레기로 버리기
용기가 깨끗하다면 햇빛에 말린 다음 '스티로폼'으로 버리기

6 '플라스틱'으로 분리배출해도 되는 것은?

주변을 둘러보면 플라스틱으로 만든 물건이 무척 많아.
그런데 모두 플라스틱으로 배출해도 될까?

❶ 플라스틱 장난감 자동차

어, 바퀴는 고무네?

❷ 플라스틱 장난감 블록

❸ 플라스틱병

나는야 플라스틱

❹ 플라스틱 피규어

팔은 철제

플라스틱 장난감 자동차는 대부분이 플라스틱으로 만들어졌지만 일부분에 고무나 금속 재료를 쓸 때도 있어. 플라스틱 피규어도 마찬가지지. 이처럼 여러 재료를 사용하여 만든 물건은 원칙대로라면 분해해서 플라스틱 부분은 '플라스틱', 금속 부분은 '고철', 고무 부분은 '일반 쓰레기'로 나누어 버려야 해. 그렇지만 그렇게 세세하게 분리해 버리는 것은 너무 어렵고 시간도 오래 걸려. 그래서 이렇게 여러 재질이 섞여 있는 플라스틱 제품도 플라스틱으로 배출해. 전문 재활용 업체에서 한꺼번에 부순 다음 소재별로 나누어 활용하지.
그런데 장난감이 온전한 상태라 가지고 노는 데 지장이 없다면, 버리는 대신 장난감이 필요한 곳에 기부하면 어떨까? 물건의 재사용과 자원 순환을 돕는 가게에 기부하면, 장난감은 다른 주인을 찾아갈 수 있어. 물건을 판매한 돈은 도움이 필요한 곳에 쓰이니 일석이조!

트렁크(여행 가방), 침대 매트리스, 냉장고나 텔레비전 같은 대형 가전제품, 가구처럼 혼합된 재료로 만든 것이자 부피가 큰 쓰레기는 지방 자치 단체에 신고하고 버려야 해. 물론 쓸 만하다면 버리기 전에 중고 거래 애플리케이션을 이용해서 판매할 수 있어. 무료로 나누어 줄 수도 있고. 동네에서 아나바다 장터, 나눔 장터가 열릴 때 필요한 사람들에게 주는 것도 좋은 방법이야.

쓰레기 공부

장난감 병원과 장난감 도서관

장난감이나 인형이 고장 나거나 망가지면 버려야 할까? 고쳐 쓰고 싶은데 고치는 방법을 모르겠다고? 그럴 때는 장난감 병원을 찾아가 봐. 우리나라에도 장난감 병원과 인형 병원이 있어. 고장 난 장난감을 고치고, 망가진 인형을 수리해 주는 병원이지.

지방 자치 단체에서 운영하는 장난감 도서관도 있어. 일반적인 도서관에서 책을 빌려주는 것처럼, 장난감 도서관에서는 장난감을 빌려줘. 자신에게 더 이상 필요 없는 장난감을 기부할 수도 있어. 내가 좋아했던 장난감이 다른 아이에게 또 즐거움을 줄 수 있다면 기쁨은 몇 배 커지겠지? 장난감은 비싸기도 하고 플라스틱으로 된 것들이 많아. 장난감을 여럿이 함께 쓰면 장난감 사는 돈을 줄일 수 있고, 버려진 장난감을 처리하거나 새 장난감을 만들면서 생기는 온갖 환경 오염도 줄일 수 있어.

7 돈으로 돌려받을 수 있는 쓰레기는?

슈퍼마켓에 가져다주면 돈으로 돌려주는 쓰레기가 있어.
지역마다 다르지만 무인 회수기에 넣으면 포인트를 주는 쓰레기도 있고.

❶ 투명 페트병

❷ 소주병이나 맥주병

❸ 음료 캔

❹ 스티로폼 박스

정답은 1) 투명 페트병, 2) 소주병이나 맥주병, 3) 음료 캔

모든 지역에서는 아니지만, 몇몇 지방 자치 단체에서는 투명 페트병과 음료 캔 무인 회수기를 운영해. 깨끗이 씻고 라벨을 뗀 투명 페트병과 음료 캔을 자판기처럼 생긴 무인 회수기에 넣으면 스마트폰 애플리케이션으로 포인트를 주는데, 현금으로 바꿀 수 있어. 그런데 아직은 무인 회수기가 많지 않아서 멀리까지 찾아가야 하고, 포인트 금액도 크지는 않아.
쓰레기를 분리해서 버리는 일을 응원하고 쓰레기를 덜 만들도록 노력하게 하려면, 앞으로 무인 회수기 같은 기기가 더 많이, 더 가까이에 생겨야겠지?
소주병이나 맥주병은 슈퍼마켓·대형마트·편의점에 가져다주면 보증금을 돌려받을 수 있어. 이게 무슨 말이냐 하면, 우리나라는 소줏값과 맥줏값에 병에 대한 보증금이 포함되어 있어. 즉, 소비자는 소주나 맥주를 사면서 병값까지 계산하는 것이고, 병을 돌려주면 미리 낸 보증금을 돌려받는 거지.

일부 지역에서는 폐건전지를 모아서
행정 복지 센터에 가져가면 새 건전지를 주기도 해.
우리 동네는 어떤지 알아보는 건 어때?

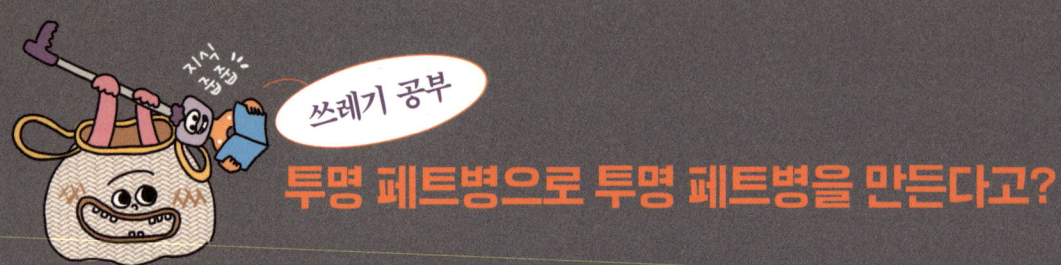

쓰레기 공부
투명 페트병으로 투명 페트병을 만든다고?

색이 없는 투명 페트병 중 생수나 음료를 담았던 페트병은 플라스틱이지만 따로 분리배출하는 거 알고 있어? 이 투명 페트병은 재활용하기 아주아주 좋은 원료거든. 심지어 재활용 과정을 거치면 다시 투명 페트병으로 태어날 수도 있어. 이게 무슨 말이냐고?
분리배출된 투명 페트병은 뚜껑이나 라벨처럼 다른 재질을 없앤 다음 납작하게 눌러놓아. 잘게 부수고 깨끗이 씻은 뒤 섬유로 재활용하기도 하고, 잘게 부순 걸 녹여서 다른 용기로 만들기도 해. 하지만 투명 페트병을 옷이나 다른 물건으로 만들면 플라스틱의 순환이 거기에서 멈춰. 옷이나 물건이 버려지면 플라스틱 쓰레기가 되니까. 그런데 투명 페트병을 다시 투명 페트병으로 만들면 그 과정을 계속 되풀이할 수 있으니 쓰레기를 줄일 수 있는 거야.
투명 페트병 중 식용유나 세제를 담았던 페트병, 색이 있는 페트병도 '플라스틱'으로 배출하면 재활용을 할 수 있어.

8 우유 팩은 분리배출할 때 어디에 넣을까?

분리배출은 쓰레기의 재질에 따라 하면 돼.
그렇지만 그렇지 않을 때도 있어.

❶ 종이류

종이끼리 친구하자!

❷ 플라스틱류

플라스틱으로 오렴!

❸ 스티로폼류

스티로폼과 함께 하자!

❹ 비닐봉지류

우리는 친구~

우유 팩은 '펄프'라는 원료로 만드는데, 식품을 담는 용기류라서 펄프 중에서도 가장 품질이 좋은 것을 써. 원재료가 좋기 때문에 우유 팩을 재활용하면 고급 화장지를 만들 수 있어.

그런데 종이 팩에 우유 팩만 있는 건 아니야. 종이 팩은 보통 '우유 팩'이라고 불리는 일반 팩과 '두유 팩'이라고 불리는 멸균 팩으로 나뉘어.

일반 팩은 종이 양면에 비닐을 코팅해 만들고, 멸균 팩은 일반 팩에 알루미늄 은박을 한 번 더 덧대어 만들어. 그래서 같은 종이 팩이더라도, 일반 팩과 멸균 팩은 재활용 과정이 달라. 하지만 일반 팩과 멸균 팩을 분류하는 것은 재활용 센터에서 하고 있으니까, 여러분은 종이류와 분리해서 종이 팩으로 배출하기만 하면 돼.

종이 버릴 때 알아 둬!

택배 상자
- 스카치테이프와 송장을 뗀 후 접어서 배출
- ※ 떼어 낸 부분은 일반 쓰레기!

음식 포장 상자
- 음식물이 묻지않은 상자만 '종이'로 배출
- ※ 음식물이 묻었으면 일반 쓰레기

신문지, 종이
- 차곡차곡 접어서 묶어서 배출

만약 여러분이 사는 곳에 종이 팩 수거함이 있다면 거기에 배출하면 돼. 그렇지 않다면 종이류에 섞지 않고 유리병이나 캔류에 배출하면 선별장에서 종이 팩을 골라 내. 몇몇 생활 협동조합에 가져다줘도 돼. 일부 지역에서는 종이 팩을 씻어서 말린 다음 행정 복지 센터에 가져가면 화장지나 종량제 봉투로 바꾸어 주기도 해. 종이 팩을 내놓을 곳이 마땅하지 않다면 집으로 무료 수거하러 오는 애플리케이션을 이용해도 좋아. 보상도 해 주거든!

종이는 재활용하기 좋은 쓰레기야. 한 번 쓴 종이라도 분해해서 펄프로 만들면 다시 종이가 되거든. 그러니 제대로 분리배출해서 꼭 재활용해야겠지?

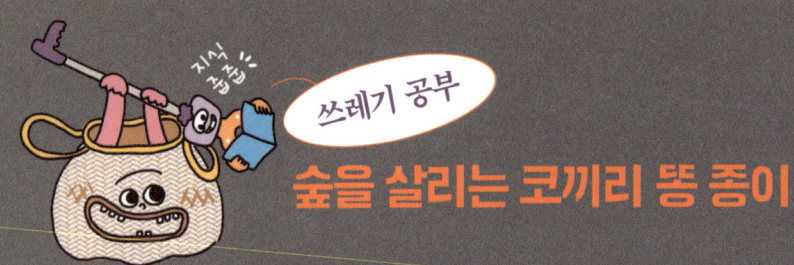

쓰레기 공부
숲을 살리는 코끼리 똥 종이

베트남, 태국에서는 코끼리 똥으로 종이를 만든다는 사실, 들어 봤어? 코끼리는 혼자서 하루에 식물성 먹이를 200킬로그램 이상 먹는데, 그래서 하루에 누는 똥도 50킬로그램이나 된대. 코끼리 똥의 주요 성분은 식물의 섬유소인데, 섬유소는 질겨서 소화가 되지 않고 거의 본래 모습 그대로 똥으로 나와.
그러면 코끼리 똥으로 종이를 어떻게 만들까?
우선 코끼리 똥을 햇볕에 말려. 그다음 딱딱해진 코끼리 똥을 물에 끓여서 세균을 없애. 이것을 체에 거르면 식물의 섬유소가 남는데, 발에 얇게 펴서 말리면 코끼리 똥 종이가 완성되는 거야.
어찌 보면 똥은 우리 몸에서 나온 쓰레기라고 볼 수 있어. 그런데 이 똥을 모아서 새 종이를 만든다니, 종이의 재료인 나무를 베어 내지 않고 숲을 살리는 최고의 재활용이라 할 수 있겠지?

9 플라스틱 컵은 썩는 데 몇 년 걸릴까?

편의점이나 카페에서 음료를 담아 먹는 플라스틱 컵, 자연 그대로 두면 썩는 데 몇 년 걸릴까?

❶ 1일

1일 — 모두 안녕~

❷ 1년

1년 — ?? 왜 아직이지?

❸ 100년

100년 — 100년은 너무 길어!

❹ 500년 이상

500년 — 뭐라고? 500년???

정답은 4) 500년 이상

나무젓가락이나 종이컵은 썩는 데 20년 이상, 비닐봉지는 100년 이상, 플라스틱은 500년 이상 걸려.
식당이나 패스트푸드 체인점에서 포장용으로 쓰는 컵이나 플라스틱 빨대, 일회용 젓가락·숟가락을 '일회용품'이라 불러. 말 그대로 한 번만 쓰는 물건이야.
그런데 넓은 의미에서 보면 대부분의 포장 용기들이 다 일회용이야.
생수병이나 음료병도 한 번만 쓰이고 버려져. 마트에서 느타리버섯을 사도 스티로폼 용기에 담겨 있고, 사과를 사도 플라스틱 용기에 담겨 있어.
이 용기들도 한 번만 쓰이고 버려지니 일회용이지.
우리가 잠시 편하자고 지구에 썩지 않는 쓰레기를 남기는 것이 옳은 일일까?
30년 전만 해도 사람들은 물건을 사러 갈 때 장바구니를 가지고 다녔어.
가게에서도 신문지를 활용해서 과일이나 고기를 싸 주었지.

쓰레기 공부

제로 웨이스트란?

'제로 웨이스트'란 말 들어 본 적 있어?
'제로(zero)'와 '웨이스트(waste)'를 합친 말인데, '제로'는 0이고 '웨이스트'가
쓰레기·폐기물이라는 뜻이니까, '쓰레기·폐기물이 없게 하자'는 뜻이야.
재활용이나 재사용이 가능한 중고 제품을 포함하여 판매되는 모든 제품과
그 제품의 포장재에서 자원이 폐기물로 낭비되지 않는 것을 목표로 해.
더 나아가 지구에 해를 덜 주려는 삶의 태도를 폭넓게 일컬어.
예를 들어, 장을 보러 갈 때 장바구니를 들고 가고, 식당 음식을 포장할 때
집에서 용기를 가져가고, 재활용이 되도록 분리배출을 확실히 하는 거야.
필요한 물건이 생기면 중고 물품을 먼저 알아보는 마음가짐, 더 이상
사용하지 않는 물건이 있다면 다른 이들에게 나누어 주는 태도도 해당돼.
이러한 생각을 바탕으로 지구를 지킬 수 있는 다양한 상품을 파는 곳을
'제로 웨이스트 가게'라고 해.

10 의류 수거함에 배출하면 안 되는 옷은?

의류 수거함에는 어떤 것들을 넣을 수 있을까?
옷이면 아무거나 넣어도 될까?

❶ 무릎 부분이 찢어진 바지

너무 찢어졌나?

❷ 보풀이 심한 코트

보풀이 백 개도 넘어…

❸ 해골이 그려진 티셔츠

오~ 멋진데?

❹ 작년에 입던 팬티

이… 이건!!!

정답은 1) 무릎 부분이 찢어진 바지, 2) 보풀이 심한 코트, 4) 작년에 입던 팬티

옷은 재료와 재질이 워낙 다양해서 섬유를 재사용하거나 재활용하는 것은 몹시 어려운 일이야. 그래서 입을 수 있는 상태면 '의류 수거함'에 내놓아 다른 사람들이 입을 수 있도록 유통하고, 낡아서 누구도 입을 수 없는 상태면 일반 쓰레기로 배출해. 우리가 의류 수거함에 넣은 옷들은 수거 업체에서 손질하고 소독하고 세탁해서 다시 판매되거나 기부돼.
그러니 찢어지거나 보풀이 심해서 입을 수 없는 옷, 입던 속옷은 넣으면 안 되겠지? 입을 수 있는 옷은 재사용 가게에 기부하거나 중고 장터에서 새 주인을 찾을 수도 있어. 옷의 주요 재료는 옷 안쪽에 붙은 태그를 보면 알 수 있는데, 폴리에스터, 나일론, 아크릴 같은 플라스틱 합성 소재가 많아. 합성 소재 옷들은 땅에 묻어도 잘 썩지 않고 미세 플라스틱이 되어 흙과 물 속에 숨어 있다가 결국 우리 몸으로 들어와. 옷을 너무 많이 만들고 너무 많이 사는 것은 지구와 우리 몸에 해로워. 그러니 필요한 만큼만 사는 습관이 중요하지.

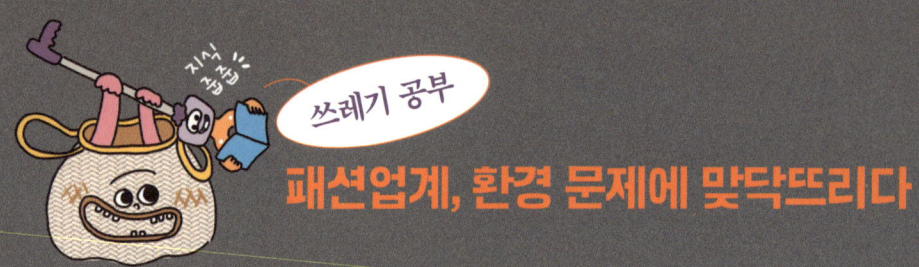

쓰레기 공부

패션업계, 환경 문제에 맞닥뜨리다

플라스틱이 없었다면 패션 산업이 오늘날처럼 번창할 수 없었을 거야. 폴리에스터, 나일론, 아크릴 같은 합성 섬유는 플라스틱 재질이라, 천연 섬유에 비해 값이 저렴하거든. 의류 회사들은 계절마다 신제품을 내놓는데, 엄청나게 많이 만들기 때문에 이 옷들이 다 팔리지는 않아. 그래서 어떤 회사는 팔리지 않은 옷들을 그냥 버려. 옷을 싸게 팔아서 '값싼 브랜드'라고 알려지느니, '비싸지만 좋은 브랜드'로 이미지를 유지하기 위해서야. 의류 회사들이 돈을 벌겠다고 자원을 낭비하도록 그냥 두어야 할까? 패션의 나라로 알려진 프랑스는 2020년 '순환 경제를 위한 낭비 방지법'을 만들었어. 이 법에 따르면 의류 회사는 팔리지 않은 옷을 함부로 버리지 못해. 기부하거나 재활용해야만 하지. 또 옷이나 가전제품을 고쳐서 쓰면 정부에서 수선비를 지원해 줘. 버리고 새로 사기보다는 고쳐서 오래 쓰게 하자는 거지.

11 '음식물 쓰레기'로 버려도 되는 것은?

음식을 만들거나 먹고 난 뒤 남는 쓰레기를
모두 음식물 쓰레기로 버리는 건 아니야.

❶ 먹다 남은 밥	❷ 사과 껍질
❸ 달걀 껍데기	❹ 우려 내고 남은 소뼈

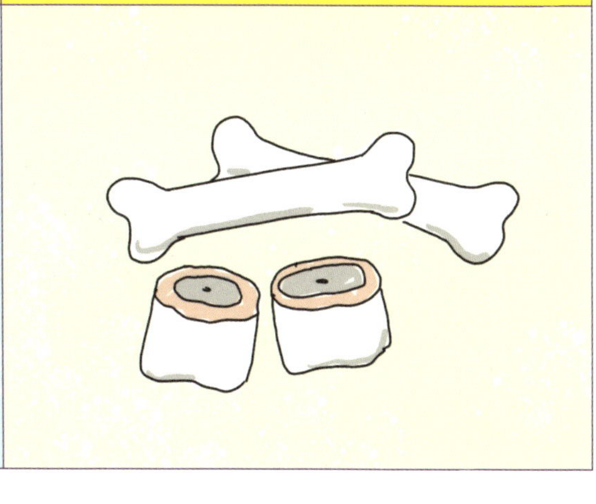

49

정답은 1) 먹다 남은 밥, 2) 사과 껍질

음식물 쓰레기는 음식을 만들거나 먹고 난 뒤 남게 되어 버리는 것을 말해.
과일이나 채소 껍질, 오래된 밥이나 빵 등 아주 다양하지.
음식물 쓰레기에는 물기가 많아서 일반 쓰레기와 따로 배출해야 해.
음식물 쓰레기로 버릴지, 일반 쓰레기로 버릴지는 보통 동물이 먹을 수 있는가,
없는가로 구분해. 음식물 쓰레기는 가공한 다음 가축의 사료나 퇴비로 사용하기 때문이야.
하지만 사람이 먹는 음식은 짠 데다 쉽게 상하기 때문에 점차 사료로 쓰지 않으려고 해.
음식물 쓰레기는 냄새가 지독해서 대부분 특수 시설을 갖춘 업체에서 처리하기 때문에,
이제는 잘 썩는지, 딱딱한 물질이 섞이지 않았는지가 더 중요한 기준이야.

우리나라에서는 1998년부터 음식물 쓰레기를 따로 배출하려는 시도를 했는데,
다른 나라에 비해 굉장히 앞선 시도였어. 프랑스에서는 2024년부터 음식물 쓰레기
분리배출을 시작하면서 대한민국을 '음식물 쓰레기 재활용 선두 주자'라고 칭찬했어.
음식물 쓰레기는 플라스틱만큼이나 골치 아픈 쓰레기야. 부패하면서 냄새도
많이 나고, 물기 때문에 소각하는 데 에너지도 많이 들고, 오염수도 많이 나오기
때문이야. 음식물 쓰레기는 되도록 만들지 않거나 양을 줄이는 것이 최선이지.
먹을 만큼 조리하고, 조리한 것은 남기지 않고 다 먹는 습관을
집과 학교에서 연습해 보자.

남기면 내 거!

맛있겠다!

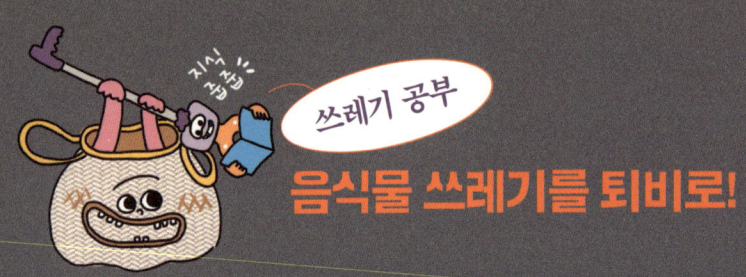

쓰레기 공부

음식물 쓰레기를 퇴비로!

음식물 쓰레기는 음식물 쓰레기 전용 종량제 봉투에 담아서 버리거나,
공동 주택의 음식물 쓰레기 수거 통에 버려. 그런데 집에서 음식물 쓰레기를
처리할 수 있는 방법도 있어. 음식물 쓰레기를 퇴비로 만들 수 있거든.
먼저 항아리, 토기 화분, 플라스틱 통 등을 마련하고 공기가 통하도록 구멍을 뚫어.
그다음 큰 음식물은 작게 자르고 양념이 묻은 음식물은 물에 한 번 씻어. 퇴비 함에
흙과 음식물을 3대 1 비율로 섞어서 담고 1주일 정도 하루에 한 번 골고루 섞어.
뚜껑을 닫고 2주일 정도가 지나면 음식물이 썩어서 퇴비가 돼.
음식물 쓰레기를 퇴비로 만들려면 꾸준한 관리가 필요하지만 꼭 도전해 봐!
냄새 나는 음식물 쓰레기가 건강한 흙으로 변하는 마법을 경험할 수 있으니까.

12 일회용품을 안 쓰기 위해 노력한 사람은?

일회용품은 우리 주변에 가득해.
정신을 바짝 차려야 안 쓸 수 있다고.

❶ 선미

음료는 제 텀블러에 담아 주세요

❷ 준영

시키지 말고 식당 가서 먹자!

❸ 조인

이 통에다 담아 주세요!
할머니 반찬

❹ 일리

장바구니에 담아 갈게요!
전통시장

주변을 둘러보면 뜻밖에 일회용품이 아주 많아. 준비 없이 외출을 했다가는 자신도 모르게 일회용품을 사용하게 되지. 일회용품을 덜 쓰기 위해서는 준비가 좀 필요해. 물건을 사러 갈 때는 장바구니를 꼭 챙겨. 그래야 비닐봉지를 쓰지 않을 수 있으니까. 외출할 때 손수건은 필수야. 휴지나 물티슈가 필요한 상황에서도 손수건 한 장이면 해결되지. 부모님과 카페에 가기 전에는 텀블러를 챙겨. 텀블러를 가져가면 할인해 주는 곳도 있으니 일석이조! 밖에서 식사할 때는 빈 통을 하나 가져가자. 남은 음식을 통에 담아 오면 나중에 먹을 수 있고 음식물 쓰레기도 안 생겨.

코로나19를 겪으면서 음식을 배달시키는 게 너무 쉽고 흔해졌는데,
배달 음식은 일회용기에 담겨서 오니까 먹고 나면 처리할 쓰레기가 너무 많아.
되도록 배달 음식을 덜 시키고 식당에 가서 먹는 게 어떨까? 집에 있는 용기를
가져가서 음식을 담아 와도 되고.
텔레비전에 일회용품을 사용하는 모습이 너무 자주 나오는 것도 문제야.
흡연이나 음주 장면을 덜 보여 주려 애쓰듯이, 일회용품 사용 장면도
덜 보여 주어야 사람들이 일회용품 사용을 당연한 것이라고 여기지 않게 될 거야.

쓰레기 공부

커피 마시고 컵은 드세요!

플라스틱 컵, 종이컵은 일회용품 중 꽤 큰 비중을 차지해. 카페나 패스트푸드점에서 많이 사용하니까. 개인 텀블러를 가져가서 거기에 담아 달라고 부탁할 수도 있지만, 미처 준비를 못 했을 때도 있지. 일회용 컵을 대신하면서도 쓰레기로 남지 않는 방법이 없을까 고민하던 사람들이 재미있는 생각을 해냈어. 바로 컵을 쿠키로 만드는 거야. 쿠키로 만든 컵에 커피를 담으면 커피를 다 마신 다음 컵도 와삭와삭 먹을 수 있어. 음료를 주문하면 알루미늄 캔으로 밀봉해 주는 가게도 있어. 내가 주문한 음료를 시중에서 파는 캔 음료처럼 만들어 주는 거야. 가지고 다니기도 좋고 시원하게 보관할 수 있어서 좋아. 쿠키 커피 컵이나 알루미늄 캔은 일회용품보다 비싸서 아직 널리 쓰이지는 못하고 있어. 지구 환경을 아끼는 마음, 일회용품을 덜 쓰려는 사람들이 더더욱 많아졌으면 좋겠어.

13 우리나라는 쓰레기 재활용 몇 등일까?

세계 어느 나라에서나 쓰레기를 열심히 재활용하지는 않아.
쓰레기 문제를 진지하게 고민하는 나라에서만 하지.

① 2등

② 10등

③ 100등

④ 꼴등

우리나라는 시민들과 시민 단체들의 요구로 1990년대부터 쓰레기 종량제와 음식물 쓰레기 분리배출을 시작했어. 이는 전 세계에서 아주 앞선 시도였지. 이런 노력의 결과로 우리나라는 쓰레기 중 재활용되는 비율이 꽤 높아. 슬로베니아와 함께 최고 수준이지.

다른 나라들도 여러 방식으로 쓰레기를 줄이려고 노력하고 있어. 싱가포르에서는 분리배출이 의무가 아니라서, 시민들이 한꺼번에 버린 쓰레기를 소각 전에 분리하는 작업을 해. 또한 시민에게는 너그러운 대신 기업에는 엄하게 책임을 물어. 나라에서 법을 만들어 기업이 반드시 포장재를 줄이고 재활용을 하도록 했어. 쓰레기가 나온 다음 재활용하는 것보다 처음부터 쓰레기가 덜 나오게 하는 것이 낫다는 생각이지.

중국에서는 몇 년 전부터 주요 도시를 중심으로 분리배출 정책을 시작했어. 태국에서는 대형 마트와 일부 소매점에서 비닐봉지 사용을 완전히 금지했고. 안타깝게도 미국·캐나다·영국 등 몇몇 선진국에서는 아직 나라 전체에서 쓰레기 분리배출을 철저히 하지는 않아. 잘사는 나라일수록 쓰레기 배출량이 많으니 더욱 열심히 쓰레기 문제에 나서야 할 텐데 말이야.

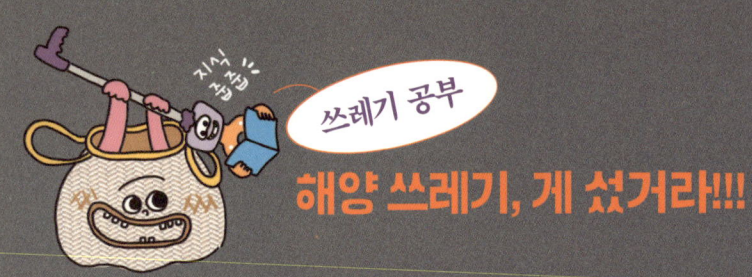

쓰레기 공부

해양 쓰레기, 게 섰거라!!!

사람들이 버린 쓰레기는 매립되거나 소각되고, 재활용되거나 재사용되기도 하지만, 꽤 많은 양이 하수로, 강으로 흘러가다가 결국 바다로 가. 해마다 약 1천만 톤의 쓰레기가 바다로 흘러간다니 놀랍지?
하지만 바다는 너무나 드넓어서 한 번 바다로 흘러 들어간 쓰레기는 거두기가 힘들어. 그런데 프랑스의 한 회사에서 해양 쓰레기를 거두고 처리하는 신기술을 개발했어. 프랑스의 한 해변에 자리한 이 회사는 'I clean my sea(바다를 청소해)'라는 애플리케이션을 제작했어. 바다에서 쓰레기를 발견한 사람들이 사진을 찍어서 애플리케이션으로 전송하면, '컬렉터'라는 보트가 쓰레기의 위치를 확인하고 찾아가서 수거하는 거야.
해양 쓰레기의 심각성을 깨닫고 수거에 나선 사람들은 그밖에도 많아. 우리나라를 비롯해 전 세계 사람들이 걱정하고 행동하지. 버려진 쓰레기에 비하면 아직 충분하지 않지만, 그래도 희망이 보이지 않니?

14 조깅하면서 쓰레기 줍는 활동의 이름은?

'조깅'은 천천히 달리는 운동을 말해. 가볍게 뛰면서 눈에 띄는 쓰레기를 줍는 활동을 뭐라고 할까?

❶ 플로깅

❷ 폴짝쓰

❸ 쓰줍줍

❹ 조깅쓰

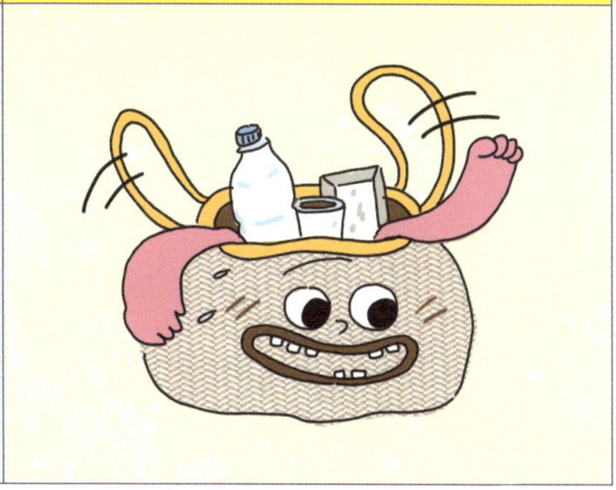

플로깅은 스웨덴에서 시작된 환경 운동이야. 스웨덴어로 '줍다'라는 뜻의 '플로카 우프(plocka upp)'와 '가볍게 뛰다'라는 뜻의 영어 '조깅(jogging)'을 합쳐서 '플로깅'이 되었지. 우리나라에서는 '줍깅'이라고 부르기도 해. 운동을 하면서 쓰레기를 주우니 건강과 환경을 동시에 지킬 수 있어서 인기야. 여러분도 친구들, 가족들과 동네를 가볍게 뛰면서 시작해 보면 어때? 혼자 하는 것보다 즐겁고 보람도 커질 거야.
한 달에 하루, 일 년에 단 하루라도 쓰레기를 안 만드는 날을 정해 도전해 보는 건 어떨까? 아예 안 만들기 어렵다면 쓰레기를 되도록 적게 만드는 것을 목표로 해도 좋아.

쓰레기 처리 문제는 너무 심각하고 복잡해서 해결 방법을 찾기가 쉽지 않아. 그렇다고 지구가 망가져 가고 있는데 아무것도 안 할 수는 없겠지? 주변을 둘러보면 쓰레기 문제에 정면으로 도전한 어린이와 청소년 들도 있어. 바다 청소 시설을 만들어 해양 쓰레기를 모은 네덜란드의 보얀 슬랫, 인도네시아의 아름다운 섬 발리에서 비닐봉지 안 쓰기 운동을 시작한 멜라티 위즌, 기후 위기의 심각성을 전 세계에 알리고 있는 스웨덴의 그레타 툰베리……. 이 아이들이 너무 대단하다고 기죽을 필요는 없어. 자기가 할 수 있는 것을 실천하며 주변 사람들을 끌어들여 보자고!

쓰레기 공부
행동으로 보여 주자고!

제품을 사 보면 필요 없는 포장이 꽤 많은 걸 알게 될 거야.
생일 케이크 상자에는 플라스틱 칼이 들어 있어. 집에 있는 칼을 사용하면 되는데.
캔 따개 외에 플라스틱 뚜껑이 이중으로 있는 통조림 햄도 있어.
햄이 남으면 집에 있는 용기에 담으면 되는데 말이야. 두유, 우유, 주스 팩에는
빨대가 붙어 있기도 해. 컵에 따라서 마시거나 입을 대고 마셔도 되는데.
이런 문제를 해결하기 위해 직접 행동으로 보여 주는 사람들이 있어.
필요 없는 뚜껑과 빨대를 모아서 제품을 만든 회사에 돌려보내는 거야.
소비자들이 필요 없다고 생각하니 제품을 만들 때 반영하라고 항의하는 거지.
이런 행동은 제조사에 쓰레기 문제에 대한 책임을 지우고 변화를 이끌어 내.
쓰레기는 만든 다음 처리하는 것보다 아예 만들지 않는 것이 가장 중요하니까.

15 쓰레기 문제는 누가 해결해야 하나?

지금까지 쓰레기 처리 문제에 대해 알아봤어.
이 문제는 파고들수록 복잡한데, 누가 해결할 수 있을까?

❶ 국가	❷ 기업
 국가가 해결하겠습니다!	 기업이 해결하겠습니다!
❸ 시민	❹ 망태 도령
 우리가 해결하겠습니다!	??? 나… 혼자?

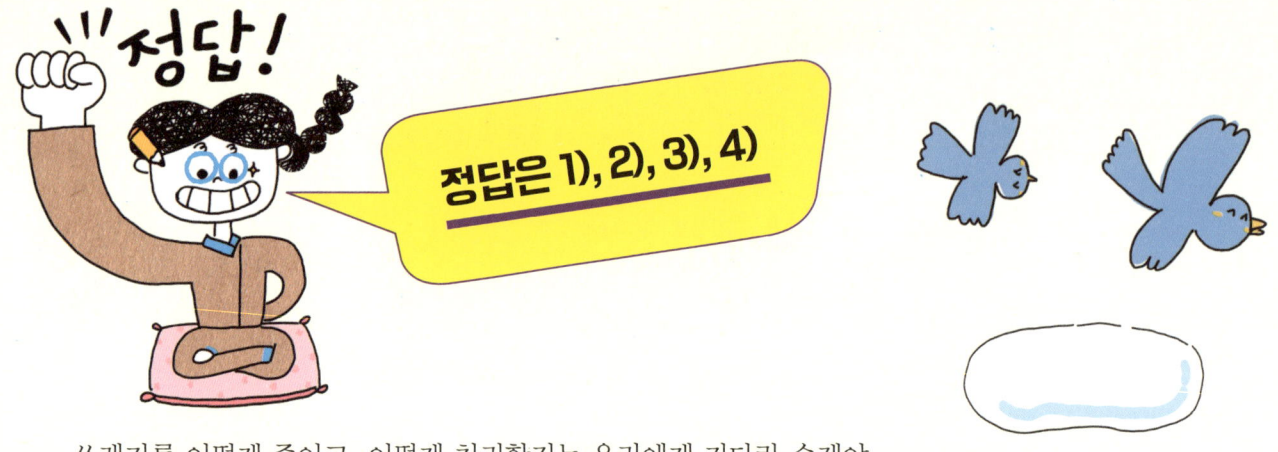

쓰레기를 어떻게 줄이고, 어떻게 처리할지는 우리에게 커다란 숙제야.
이 문제를 해결하기 위해 국가, 기업, 시민 모두 다 같이 지혜를 내고 힘을 모아야 해.
기업은 쓰레기를 덜 만들어 내는 제품을 생산하고, 재활용·재순환에 대해서
책임감 있는 자세를 가져야 해. 기업이 꼭 필요하지 않은 포장 용기와 재활용이
어려운 제품을 계속 만들어 낸다면, 시민들이 아무리 분리배출을 잘한다고 해도
쓰레기 문제는 해결되지 않아.
국가는 기업이 그렇게 할 수 있도록 법과 제도를 만들어 반드시 지키도록 감시하고,
쓰레기 없는 사회가 될 수 있게 이끌어야 해. 대한민국의 땅, 바다, 하늘에 사는 생명들이
건강하게 살아갈 수 있도록 자연을 지켜야 해. 더 나아가 지구의 자원을 지키기
위해 다른 나라와 힘을 모아야 해. 그래야 인류가 지구에서 계속 살아갈 수 있으니까.
시민 한 명 한 명은 무엇을 해야 할까? 분리배출은 물론, 기업과 국가가 이러한 역할을 하도록
요구하고 감시해야 해. 시민 단체는 시민들의 뜻을 대변하여 함께 행동하고 말이야.

쓰레기 공부
가 보자! 해 보자!

쓰레기 문제가 심각하다고는 하지만, 일상에서 스스로 깨닫기는 쉽지 않아.
그럴 땐 직접 가 보고, 직접 해 보는 건 어떨까?
몇몇 지방 자치 단체와 시민 단체에서는 '생활 폐기물 처리장 견학 프로그램'을 운영해.
신청하면 눈앞에서 폐기물 처리 과정을 지켜볼 수 있어.
여러분 동네에 제로 웨이스트 가게가 있다면 방문해 봐. 환경에 부담을
덜 주는 제품도 만나고, 지구를 걱정하며 살아가는 사람들도 만날 수 있어.
서울환경연합에서 운영하는 '플라스틱 방앗간'에서는 버려진 플라스틱 중
재활용이 어려운, 손바닥보다 작은 플라스틱을 녹여서 새로운 플라스틱 소품을 만들어.
작은 플라스틱을 모아서 가져다주면 쓰레기의 놀라운 변신을 체험할 수 있지.
거리에서, 해변에서, 산에서 '플로깅'을 해 보는 건 어때? 직접 쓰레기를 줍다 보면,
얼마나 많은 쓰레기가 버려지고 있는지 깨닫게 될 테니까.

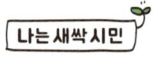

퀴즈, 분리배출!

처음 인쇄한 날 2025년 3월 31일 **처음 펴낸 날** 2025년 4월 15일

글 임정은 **그림** 서지현 **감수** 홍수열
편집 오지명, 박진희 **디자인** 효효스튜디오 **마케팅** 이선경
펴낸이 이은수 **펴낸곳** 초록개구리 **출판등록** 2004년 11월 22일 (제300-2004-217호)
주소 서울시 종로구 비봉2길 32, 3동 101호 **전화** 02-6385-9930 **팩스** 0303-3443-9930
인스타그램 www.instagram.com/greenfrog_pub
제조국 대한민국 **사용 연령** 8세 이상

ISBN 979-11-5782-333-8 74300 ISBN 979-11-5782-035-1 (세트)